AF599716

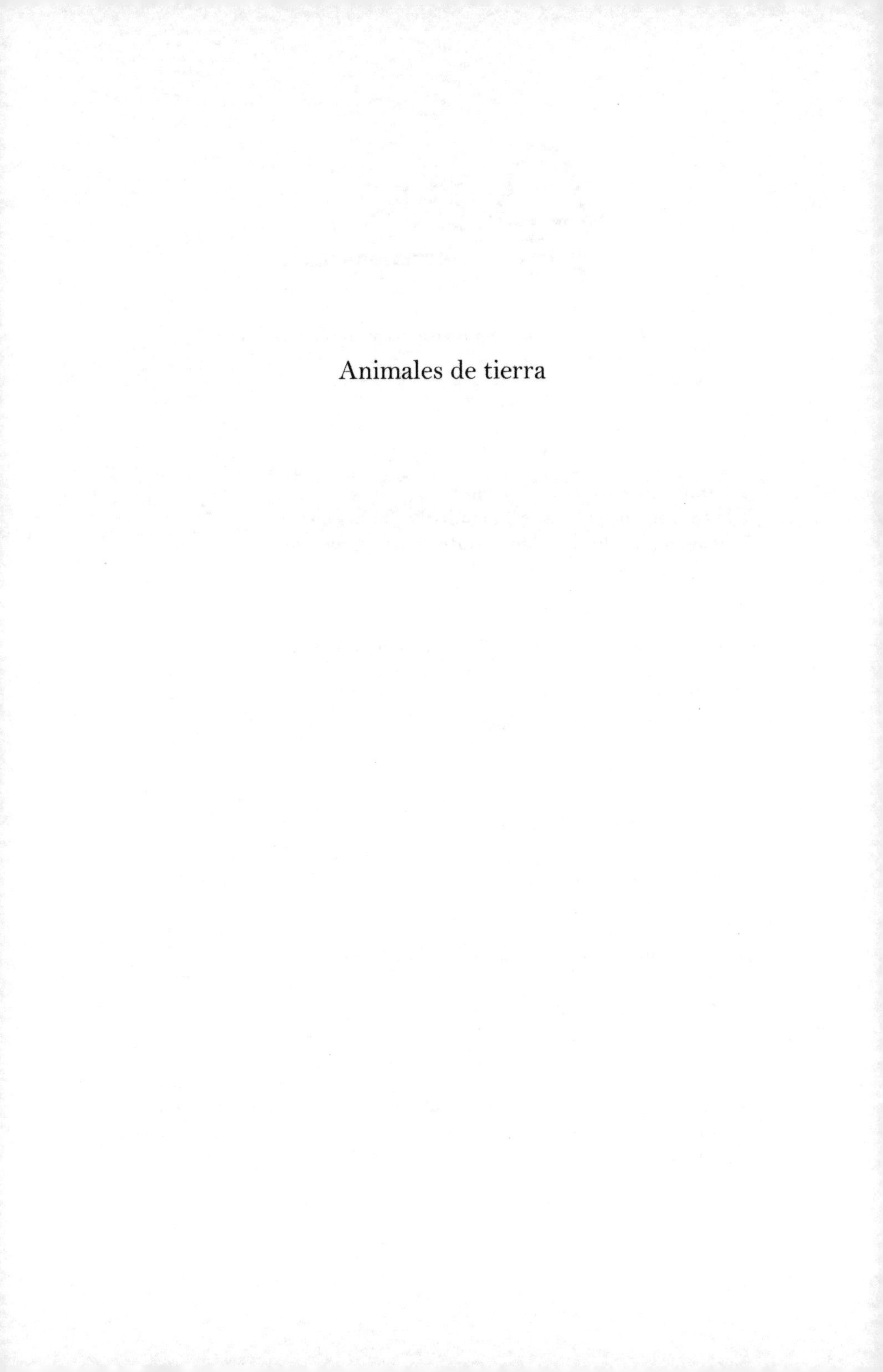

Animales de tierra

Este libro ha sido impreso con papel 100% reciclado.

lasturaediciones.com / info@lasturaediciones.com

Colección Alcalima, n.º 243
Dirige la colección: Isabel Miguel

Editado en Madrid, España.

Primera edición: diciembre, 2024

Depósito Legal: M-25996-2024
ISBN: 978-84-129488-0-6

Impreso en Antequera, Málaga (España)

Alberto Rivas

ANIMALES DE TIERRA

Colección Alcalima de Poesía N.º 243

Animales poéticos

> «Cuando Gregor Samsa se despertó una mañana después de un sueño intranquilo, se encontró sobre su cama convertido en un monstruoso insecto».
>
> Franz Kafka · *La metamorfosis*

Así de duro nos da Kafka en la cara. Ese es su conjuro para metamorfosearnos a todos en cucarachas. A todos y a ninguno. Todos y ninguno somos *El lobo estepario*, todos y ninguno somos *Platero*, *Argos* o el elefante de Saramago. Animales al fin y al cabo sobre la tierra; Animales de tierra. Vehículos de nuestra metáfora vital, contenedores de nuestra viva imagen y nuestra palabra. Totémicos, precisos, preciosos.

Alberto Rivas es un animal, un ejemplar hoy por hoy casi extinto, endeudado por la poesía y fundado por la palabra: un animal poético. Uno más de la manada que atraviesa horizontal la vida y se deja acariciar el lomo, porque sabe que está entre esos Animales de Tierra a los que el tiempo se les agota; y un espacio limitado y un trabajo limitado y unas certezas limitadas lo definen.

Abre el libro Alberto magníficamente con una perla que nos indica la sutil enredadera animal que nos depara, *«Pensar el poema / hace realidad / la tierra»* y pienso que tiene razón, que no hay nada en el mundo que no esté contenido en la palabra del poeta. Rotundo. Completo, casi universal. Recuerdo ahora a Roberto Juarroz en su discurso de ingreso a la Academia de las letras argentinas, *"la poesía crea más realidad, agrega realidad a la realidad, es realidad"*. Fundadoras palabras que nos lanzan de bruces contra nuestra propia creación, cuya vida comienza en nuestros dedos y ante nosotros se levanta. Incrédulos, asombrados quizá de la rotura del verso en el vértice del pensamiento, gritamos —¡El poema está vivo!

Animales poéticos. Animales autárticos y liberados, expropiados de los documentales de la 2, enajenados, desamortizados del lóbrego yugo de la BBC. Así es Alberto. Así son sus Animales de tierra. Y añado ahora un guiño del autor a esas bestias que pueblan la ciudad y que acometen la dura tarea de acudir al desgaste diario del trabajo, *«Animales de costumbres / recorren túneles cada día / para llegar al otro lado / al otro lado no hay nada»* y vuelve a tener razón el profeta, porque uno, al atravesar perdido los años hacia adelante, abandona la idea de encontrar algo al otro lado; y así, la ciudad, en su ruidosa mudez cargada de precipicios, nos va robando lo horizontal, lo comunitario, lo que nos hace iguales. Nos quita el horizonte y nos deja donde dice Alberto, en un campo de trabajos forzados con sus padres, sus abuelos y los árboles de su espalda.

Raíces, raíces, raíces es cuanto nos queda. Y eso dice el poeta, que nos seduce de nuevo con un *«y nuestras raíces se adentran / no en la tierra sino en los años»* y nos sentimos viejos y cansados, pero contentos porque son *«un sueño sin huecos»* o convergen en ellas *«las pasiones de algún niño despreocupado»*. Porque díganme quién no se ha sentido niño al tirar la piedra al fondo del pozo o al encontrar nidadas entre los juncos de los ríos. ¿Retórica quizás? No. El poeta responde: *«La piedad es canto / de niños atravesando / la senda del tiempo»*.

Dejando huecos en el presente o caminando las veredas en un retroceder hacia adelante, nos descubre el autor toda una imaginería de lugares de peregrinación como verdes bosques de corazón blanco, y también ríos, océanos y glaciares, bancales, quebradas, cañones, cañadas y desiertos donde se da la vida y cuyos moradores, que no son otros que nosotros mismos, tienen el deber de vivir. Y nadie se queda atrás; ni siquiera los *"árboles matemáticos"* a los que reza el poeta pensando siempre en ese perenne olivo que claramente evoca la figura de su padre. Esa es la verdad de Alberto. Hay que vivir sobre la tierra llevando a cuestas nuestra herida y el maravilloso golpe de nuestra sagrada inteligencia. Todo ello mientras haya tiempo.

Porque todo es tiempo y el poeta tiene el deber de detenerlo para abrirnos la puerta a una esperanza nueva.

Nada grandilocuente pero tampoco pequeño. Porque no es pequeño Alberto como tampoco lo es su poesía, él mismo nos lo recuerda *«Ya no me asustan las bestias / pues ahora doy de comer a los relojes con sus ojos»* sabiendo bien que el final está, que el final existe y nos está esperando y que todos y cada uno de nosotros *«solo escribimos el final / en el fondo de un espejo»*.

No puedo sino invitar a caminar tan maravillosos pasajes con los ojos de quien mira en el mundo una semilla que se abre. No puedo decir más, sin recordarle de nuevo al lector y a Alberto, esas bellas palabras de María Zambrano sobre la función enderezadora de la poesía, pues al hombre la poesía debe *"recordarle la vida, conducirle a su fuente, a la fuente misma en que la vida es contemplación, himno y lamentación. Y ser su guardián"*.

Damián Roca
Costa da Morte · septiembre 2024

Antes que nada, a la impoluta memoria de mi padre

A Maya y a Davinci

«Formaremos», continuó en tono solemne el zorro, «una pequeña comunidad subterránea... un pueblo, con casas y con calles... en esta calle vivirán los señores Tejón... en esa, los Topo... en la de más allá, los señores Comadreja... el señor y la señora Conejo... la familia Zorro... Y cada mañana, un servidor de ustedes irá de compras... y cada tarde, nos reuniremos a comer las delicias que prepara mi señora... y viviremos felices... y comeremos perdices... o patos... o lo que sea».

El súperzorro / Roald Dahl

Pensar el poema
hace realidad
la tierra.

Animales de costumbres
recorren túneles cada día
para llegar al otro lado.

Al otro lado no hay nada.

Salen de los agujeros
limpios, alegres, preparados
con café en las manos
y música.

En las mejillas cumple
el alma de la tierra
deseos de magma.

En un vuelo de vencejos
raudo amanecer de días
sin tiempo.

Los animales de tierra
buscan palabra   comida   techo
entre los dones olvidados por la concordia
en periferias de piedra enjabonada

aquel es su lugar
allí aletean en nombre de metales pesados
saben que es su sitio
y lo comparten con árboles y pájaros
con la vista siempre fija en el terreno

más allá está el centro
de geometría límpida y concreta
otros árboles y otros pájaros lo habitan
rompiendo la luz con el duro pedernal de los tejados
surgen de inmediato abrazos de formas bélicas
y marciales trastornos de manada

allí nadie conoce la noche
el día termina siempre en la memoria de los elefantes
y una X marca el lugar donde morimos.

Hasta aquí han venido rebaños sin nombre
a reconocer el campo
la siembra
el milagro
a poner precio a mi cabeza
a solo ver el hambre y su terrible hueso blanco.

Presurosos han inventado las palabras
        los cercados
        la yunta
        las cadenas
aperos para construir el pánico
y con él, algún tipo nuevo de cansancio
alguna mentira piadosa
y algunas paredes blancas
para este nuevo paisaje de animales enjaulados.

Los animales enjaulados enloquecen
pues no conocen la palabra *patria*
                                                tiempo
                                                desenlace
ni han visto nunca un círculo
un cuadrado
o una función trigonométrica,
no le echan sal a las comidas
apenas leen las letras gordas de los periódicos
ni usan el flash en sus fotos de primera comunión.
Una vez enjaulados ya no se consideran animales
son otra cosa.

No se ven afectados por el frío
por la risa o por la hambruna
los animales enjaulados son como dioses:
a resguardo de los círculos
                                los cuadrados
y alguna función trigonométrica.

Resguardadas por taludes agujereados de vida
esconden las vaguadas un rezo de agua.

Hace mucho que sé de esas vidas
parecen ausentarse de los nombres que las nombran
pero sus agujeros están ahí

agujeros profundos miran al río mientras tú los miras
pensando que se parecen sus nombres a un hogar
tanto como una ceremonia de ausencias.

Ya no me asustan las bestias
pues ahora doy de comer a los relojes con sus ojos.

Ahora son ellas las que me temen
las veo temblar ante los espejos,
me temen porque ya no soy pequeño
tampoco grande
temen las palabras
y el vuelo que dejan en el aire
y el tiempo.

El párpado de los bosques
recita un viento azul de estorninos

somos animales profundamente verticales
animales acantilado
guarecidos entre piedra y nube
entre incendio y gloria
entre amor y ruina

y las estrellas son palabras de hambre
y miramos nuestras manos
hasta que pájaros nos nacen en los ojos
y nos vuelan la tapa de los sesos.

Animales de sí
encendidos
abocados a respirar sin aire
enroscados en las palabras
diametralmente opuestos
habitan la promesa
el cisma
con lenguas seísmo acuden los vencejos

siempre aguantas la respiración ante las aves
ante las aves pronuncias
                                        y animales
animales de aire bajo tus ojos.

De nuevo en los cimientos de las madrigueras
las raíces entretejen los muros del día a día
es una urdimbre callosa
que aguarda detrás de casi todo

y en las palabras
el color que ondea nuestro balbucir
es apenas una bandera anquilosada
a la que cantan viejos tahúres desnortados

y nuestras raíces se adentran
no en la tierra sino en los años
que como barro primordial
nos dan la bienvenida con tibia humedad
y verde sombra.

Encuentro en las raíces, quizá,
un sueño sin huecos
sin el obsceno agujero del despertar
sin la obligación de un cielo estrellado
o el romance adherido a un osario lunar en primavera.

Encuentro en las raíces
las pasiones de algún niño despreocupado
jugador ocasional del velo de la tarde
adosado aún al templo de la infancia
por una breve inercia de pantalón corto.

Saliste a recoger los frutos
la carne de los huesos
los restos de ceniza de los himnos.

Las calles vacías de esperanza
se llenaban de cuerpos de señales
de animales transitorios
del gentil verbo de los rebaños

saliste al ritual
del alazán descalzo en las riberas
ante un eco animal de soledades

pero no quedaba nadie para ver tus huesos
recién bañados en bótox.

A menudo animales con pistola
desayunan en los miedos del pueblo
café con tostadas tristes
apenas han pensado demasiado
desde dónde el hambre invade el hormiguero
cabeza
fruto
piedra
gentil el camarero hace su trabajo
y es por eso que desayunan fuera
café con tostadas tristes.

Han nacido flores en el mar Muerto
endurecidas por la sal, preciosas,
hiladas por unas manos tristes

aquí hay un sol bondadoso
los árboles no son *los árboles* y no han dado fruto todavía
pero hay un sol bondadoso

un pie atraviesa el mundo
y aparece al otro lado
donde tus manos han cuidado con esmero las flores

sí, tus manos tristes,
tristísimas por saberlo todo
endurecidas por la sal del mar Muerto.

El centro del bosque es un lugar en blanco
en cuyo nombre se posan los insectos
si miras solo con los ojos no lo ves
pero se quiebra el aire con el *tuc-tuc* del picapinos
        con el *glu-glu* del torcaz
alfileres de alimoche en los oídos
y en el centro del bosque nada

quizá la mirada de un tercero
        a lo mejor un rastro
        algo que se mueve en el follaje.

El centro del bosque tiene un corazón
que siempre te está mirando.

Ofréceme la tierra
niebla
aliento en la cañada
garganta
hueso cervical de flor
motriz salario ofréceme
como turba para el páramo
carbón
que hace caminar a la montaña
lago ensimismado
finitud
espejismo de barbarie sin raíces
el blanco nacarado de tus pechos
ofréceme la tierra
ofréceme la tierra para ver en los pozos
a los mercaderes del hambre que rieron
ante la hoguera de mis padres
cavo una zanja
una zanja cavo como en la noche un golpe
y en ella no cabe la tristeza
trinchera viva
legítima defensa
ofréceme la tierra
que es mía la congoja y su grieta de pájaros
brillante enredadera
ofrécemela como me ofreces
el botín de los macabeos
las edades del hombre
o el flaco miserere

rogando a dios un cementerio
o un amor, quizá
alguna bestia endemoniada
animales en el habla
aquí la guerra es un lenguaje que golpea el alma
yo quisiera emplear la sed de las amapolas
para desangrar el techo
a tu ciudad descalza
yo quisiera el sacrificio de animales deseados
y su sangre en las enaguas
manantial
diestro caballo
catarata cabalga tu triste historia
a lomos del fuego apátrida
amén que se abra el cielo
y caigan
todos los que sobre nosotros cargan
que caigan hasta aquí
que caigan
que caigan mansos al fondo de la especie
caigan de arcilla desprovistos
solos de mineral y sueño
que caigan de su vejez
columna ebúrnea de febril reflejo
y en un abrazo infantil recuerden
devolvernos toda la tierra que nos falta.

La soledad es una estatua que nos mira
todo un siglo
a brazo partido, un pueblo y su fábrica

en un desierto nace un árbol,
un hombre, su soledad   su humo.

El brote verde
pone a punto el paraíso.

Se enamoran del cielo las terrazas del cañón
corcheas las cabezas de los buitres
Se derrama la luz y por debajo
rebaños aprenden senderos
que van una y otra vez al mismo sitio.

Silencio se cobra el cañón
en un peaje de peregrinos sin escapatoria

canícula de buitre negro, de buitre leonado
deprisa rompe la paz de este romance
en la lejanía campanas.

La soledad es un diámetro de lobos
ellos conocen el camino más corto
evitan los claros del bosque
se mueven siempre en línea recta.

Una loba me observa
lo sabe todo de mí
su aullido derriba los árboles
funda una ciudad en la arena.

Precede al animal una lluvia
un ritual telúrico
o alguna soledad de las imágenes

inaugura el futuro la palabra
los ojos moldean la esperanza
fundan las manos los cuerpos

pero el barro estaba antes manchándonos la cara
ya antes caminaba erguido
fijando la impronta del futuro

precede al animal
un aliento de lluvia horizontal
desalojo de la piel del nacimiento.

A Sofía

Una vez me preguntaron cuál era mi animal totémico
—el lobo– pensé
por el tatuaje de mi espalda o por la película.

Luego pensé en la rata
pero qué insignificante
en la vaca: qué mediocre.

Pensé en el cerdo despreocupado
en el búho
en el gorrión superviviente
el buitre
la gallina
el dúctil tiburón
o en el dócil cachorro de guepardo.

Todos eran animales
con vidas animales sin esperanza.
Ninguno me satisfizo.

Me supe entonces en lo más alto
solitario y brillante
con toda mi humana estupidez
y sin esperanza.

Sospecha la noche un grito
negra sangre alfombra el cazador
después
el arrullo de silencio de animales respirando.

Sin titubeos el alba
descubre un blanco sendero de huesos
no olvides el surco que la noche deja en los dientes
y el agua clara
y la tierra firme.

Camino por la cantera y puedo leer
en las rocas el relato de su baile.
Aquí trabajaron mujeres y hombres hermosos
hace por lo menos cincuenta años
        cien años
        mil años.
Y el sudor pintó facciones al granito.
Y las bestias cargaron toneladas de palabras rotas en
                                                            [esquirlas
cestos de palabras endurecidas, carros,
para construir un sueño que perdure
al menos, cincuenta años
        cien
        mil.
Camino retorciendo la frágil alegría
de las piedras supervivientes
que no han conocido más arquitectura
que la de esta sierra adelgazada.

Me dan la bienvenida con lentitud, con cierta reserva
imaginan —supongo— que en algún lugar escondo
                                                            [una palabra
una bestia de carga
un cesto.

El desierto ofrece sueños a los pozos
para alimentar los eriales
se ocupa en silencio de sus fronteras
consiente al alacrán su modernismo.

Solo el desierto se enamora del mar
en un baile que diluye la esperanza
bajo el sol de animales naufragados.

A cuestas con un pensamiento de aguas profundas
rebaños cruzan el espejismo
con un atardecer de golondrinas en los ojos
sobre la arena
negras sombras de premonición.

La vida comulga la sangre bajo tierra
y algunos hombres levantan con ella
ciudades siempre al borde del colapso.

La historia no conoce el contenido de las ánforas
o los pecios sumergidos
no vio a mi padre sacudir los manzanos
a los pies de Alejandría
ni a mi madre vio callar ciudades de arenisca.

Roma arde y ha quedado desnuda
arde para las bestias y su invierno
¡fuego!
¡fuego para iluminar la noche de mi madre!
        a solas con las cenizas.

Despierto ante un olivo
se me retuerce el cuerpo en su presencia

busco agua
busco el surco que desgrana la tierra
los frutos del ayer también los busco
la hondura del trabajo
la comedia de lo prometido

en el suelo solo un poco de vino
y calor insoportable
y mi mano temblorosa sobre su frente
una lagartija

nos hacemos a la tierra que nos hace
en un charco de calima el eco del insomnio
el olivo calcinado de mi padre.

Ante los acantilados, un viento de huesos caídos
las gaviotas los sostienen entre sus fauces, no pierden
[el tiempo
a veces sus polluelos caen al vacío
o son tragados por alimañas que no pierden el tiempo.

Soportan los acantilados
un viento vertical como un insulto
se arrebujan animales en la maleza
atentos al horror de cada tarde
no pierden el tiempo.

Dentro de la ciénaga
encorvados muertos bailan
un vals de piel de bronce con parsimonia
abrazados en la oscuridad anóxica
brillan en su dilatada muerte.

A la memoria de mi padre.

Ando como todos andamos
de la mano de un ciprés
pienso a ratos, es un olivo.

Entrega al animal una jofaina
y lava sus pies mugrientos por la luz.

Dale barro, un soplo de sombra.
En el hueco del habla
siembra un balbuceo de olivos y una madriguera
donde quepa una mesa y la palabra

junto al fuego prepara el alimento que la tierra te ha
[entregado
y sirve con él fastos y banquetes
hasta que la noche sea rescoldo del nuevo día.

Luego recuerda la pura transparencia de la tierra
el trabajo de las aguas y su voz
de frío mármol
y su vientre de pánico y cristal
sobre tus ojos.

Promesa de huesos
peregrinaje
de un grito huérfano.

Aquellos fueron días lóbregos
de lobos a los pies de las gavias

manadas atravesaban los estados del bienestar
como flechazos hollando fruta fresca

las bestias nos obligaban a desvestirnos
y derramar la vista en las pantallas
nos obligaban a destruir el cielo
y licuar los años con el silencio

a los pies de las gavias
nos obligaron a estar siempre mirando.
Dominan los lobos el horizonte
nosotros celebramos su ciega victoria transparente.

Ya no podemos soñar si sueño somos
no podemos gritar si es río el grito
piel quemada bajo el Sol
    velo de humo,
    no podremos tierra
    no podremos llanto
solo rayo incendiando algún desierto

manchados los dedos de frontera
carne tatuada y llorando
    no podremos rama
    no podremos pájaro.

No podemos soñar si sueño somos
solo escribimos el final
en el fondo de un espejo.

Respiran las madrigueras
miedo al ayer
por eso las fotografías.

Un muerto me acompaña a todas partes
viene conmigo   es mi sombra

en el campo
me extirpa la urbe de los ojos
me condena a sonreír en los oteros.

Yo sonrío ante tal arrancamiento
y deletreo en su voz rota el tabaco negro
buscando entre los árboles una rama para el descanso.

De nuevo sonrío al final del día
sonrío como lo hacen las fosas comunes
que se han quedado sin pan de la Victoria.

Tenemos suerte
en la linde verdean ya jóvenes olmos despreocupados
observo su caminar hacia los muros del trabajo
su pose triunfal
su vida de hormigones y cementos

yo guardo todas las flores secas en una caja
pero apenas cierran los cajones de mi nostalgia
        llenos de aves y bestias
        o de la inmaculada voz de las musas

hay flores en mis dedos
y algunos caparazones tornasolados
ajan tristes maderas familiares
en muebles pasados de moda

y en los terribles lugares de los que nada sé
dicen verdea más la hierba, calienta más el sol
luce más y mejor su pedrería.

Tenemos suerte
puede que nos salve aún la primavera.

Del árbol de las manzanas
salvé la raíz del canto
y con las manos llenas canté.

Murmuran los cipreses la febril alegría de las cunetas
hay santidad en el vuelo de los pájaros
soberbia en las lomas desnudas

hojas naufragan silencios de pluma abandonada
sobre una soledad crujiente
caminos dibujan rostros de cauce seco

las piedras en el suelo
hablan de los vivos al otro lado del páramo
magia entre los bancales

a su paso por los cementerios
cascabel de lluvia emborrona el horizonte
escampa la tierra el pensamiento de los débiles.

Animales dejan su silueta en el lodo
actitud de hueso en equilibrio
vida y cal se dan la mano bajo tierra.

Polvo se sacude la mañana
sobre el pedernal del trabajo

pienso en el barro

la tierra que nos labra, nos horada,

nos marca mientras la marcamos.

El equilibrio es una deuda de los huesos.

En la noche me visita y pone su mano sobre mi hombro
yo desespero pétalo y óleo
y de cuando en cuando cavo alguna zanja a la que
[arrojo el fardo del lenguaje
creciendo piedra adentro.

En la noche me visitan
su sangre ahogada, su nombre perdido
sacrosanto, definitivo, arqueológico;
su tos
viene a mí su tos
y me coloca las piernas, el cuerpo, la voz en su
[diámetro.

No elijo nada, ni su fotografía elijo,
pero escala las ventanas de mi suerte
su piel azulejo árabe de tracería
frágil como el deseo de verlo
y brillante.

A los pies de la vereda
crecen pueblos de arcilla, de piedra, de cal
se repiten las sendas
los caminos
las acequias,
a los pies de la vereda
siempre alguien va de un sitio a otro
y un perro desmejorado lo observa
y alguien guarda un rebaño
y alguien se sienta en un banco de piedra.

A los pies de la vereda ocurre siempre
que la tarde se dilata y el pueblo se hace humo
hasta la solitaria noche
en que se repiten historias
súplicas
deseos
y siempre alguien va de un sitio a otro
y un gato desmejorado lo observa
y alguien vela un cuerpo amortajado
y alguien ofrece un rezo de vacío
recordando su niñez a los pies de la vereda.

No culpa el pájaro a la nube
pero vuela.

Revelé al hombre un poema que apenas comprendo
le hablé de la verdad
que es un velo sobre el mueble de los padres
y de las flores a los pies de los carros de combate
y del pálido gorjeo de los muertos en la memoria

revelé al hombre un poema que apenas comprendo
y las ramas secas pudrieron su noche y sus manos
por las que horadaba la cura del trabajo
una tierra cruzada por cuchillos

entonces le hablé del olvido
de las madres que apaciguan el peso de los días
acaso sin nacer   acaso sin ser vistas
y de las olas y el ruinoso pan de la historia
y de la lluvia total en que nacemos.

Revelé al hombre un poema que apenas comprendo
y con toda su fuerza quise lamer la hoja caída del árbol
como quien se come a un dios
como quien ama.

A mi madre.

En la noche
veo las estrellas a mi lado
su presencia es como la de mi madre
un olivar verdeando platas.
Siempre me ofrece su luz
su piel de lejanía.

A menudo ocurre que la ceremonia torna el canto
[olvidadizo
y la tradición ahueca los cojines del ayer,
pero en los campos sigue la chicharra su tarara
y el grillo su pregón de ritual descreído

aquí todo tiene su lugar, incluso por debajo
hacen crucigramas de vacío las alimañas
y tú te preguntas por el fin de todo esto.

Es posible que no recuerdes
la última vez que oíste llover
pero siguen matando perros las mandrágoras
y a los burros sus gritos de plata.

Cada mañana acudo a un campo de trabajos forzados
el mismo al que acudieron mis padres, mis abuelos
los árboles de mi espalda.
Somos la digna prole del trabajador
que enfrenta al cielo sus manos
ante la vista metálica de las amapolas
el fuelle, los hornos, el aceite.
Mi campo de trabajos forzados
adelgaza la luz de las mañanas
le quita a las cosas su nombre
le pone felicidad a ciertas palabras y a los rostros.
Produzco lo que produjeron mis padres
mis abuelos
los árboles de mi espalda
preparando el invierno de los desheredados
el canto amarillo de los retrocedidos.
Con este cuerpo insectil de casi nula envergadura
acudo cada mañana
a saciar la ley de gravedad
que acerca mi cuerpo a tierra
a mis padres
a mis abuelos
y a los árboles de mi espalda.

Todo animal sobre la tierra
conoce la liturgia del relámpago.

El ritual de las ovejas
incluye el pasto ante la atenta mirada de los lobos
el ritual del cazador
esconde un círculo en los ojos de la presa
un movimiento de la vida hacia la muerte
ambos conscientes del peligro
nunca vi retroceder al árbol.

Abandonados ojos tiñen la espesura,
sigue la flecha hasta la carne
encontrarás el hambre.

Perpetuo sueño sobre blanca banquisa
donde nada crece
y todo está por ocurrir

por debajo amenaza el hielo

cantan las ballenas.

Un hueco deja mi niño en el presente
agujero sin habla
claro de bosque
marchital de pájaros.

Como manos sin dedos
animales sin sombra o huella
limítrofes a la esperanza

palpar lo conocido
con manos sin dedos
y por dedos, mirarte siempre
hacerte huella

sin nuestras manos
animales de hambre solamente
desnudos
ante el hueco hostil de la fotografía

sobrevivir
sobrevivir antiguamente
una mancha perfecta de pasado.

¿Acaso no duda el río?

Un animal aparece cada día en la pantalla
bien vestido y aseado
habla de números
y estos tienen su propio funcionamiento
y hablan de vida y muerte
victorias y derrotas
unos contra otros apelmazados

luego el tiempo en la península.

El animal es frágil
también lo es su equidistancia
enseña los dientes
se coloca en posición de ataque
y con él toda su fragilidad
luego huye o se muere.

La fragilidad es insistente
su fuerza es la del nido
la de la aguja
la de la costumbre
que te tumba sin apenas mover un dedo.

La fragilidad es insistente
incipiente en el animal sensible
                                        a punto del habla.
La equidistancia se dilata toda la vida
se traslada a las paredes del pánico
y a sus herramientas en la boca
                                                        en ojos
                                                        en oídos
y se hace trueno en las lumbares.

Luego el animal enseña los dientes
se coloca en posición de ataque
o huye, o se muere frágilmente
y con él su equidistancia.

Naciste con el peso del pan de cada día
para ser una ciudad
como un barco que naufraga

nadie le enseña a la piedra a ser piedra
naciste sabiéndolo

ni le explican su objetivo a las abejas
solo hacia adelante
el horizonte es una curva que despierta el alma

y en los ojos no hay nada
solamente tierra
naciste sabiéndolo.

El centro del bosque es un lugar en blanco
los pastores de la Arcadia veneran la roca inerte
y los rebaños devuelven la luz a los sarcófagos.

Et in Arcadia Ego y sin embargo
entre estos árboles enamorados
no ha calado latín alguno.

Uno de los pastores parece sorprendido
otro ensimismado
un tercero trata de leer la superficie fría de la piedra
mientras la pastora se apiada de todos ellos
conoce la inmutabilidad de la roca y sabe
debajo de los cementerios
las raíces hacen al mundo moverse.

Se agitan álamos al sur en galas de piedra y noche
una recaya desea con lentitud el paso del pollino
al otro lado del mundo.

Los animales cierran los ojos
aquellos que vuelan también lo hacen
incluso las bestias
y ocurre que están ya al otro lado.

En el río hay un juncal donde se ocultan las aves
como un nido haciendo aguas
una casa desmontándose
animales sometidos al equilibrio lo habitan.

En él flotan polluelos al abrigo de miradas furtivas
solo los niños los miran
con amor felino.

La piedad es canto
de niños pisando
la senda del tiempo.

Bajo una teja un sueño de árboles
quizá el sueño mismo de mis padres
la misma piel bajo una teja
que es siempre la misma teja

preside el adobe viejo las vidas
de esta buena gente
que es siempre la misma gente
el viento ondea su canto por las plazas
y mi fotografía es parte del adoquín
que conduce a todas partes.

Una higuera, una familia
sacando de lo destartalado
los sueños de mañana
que son siempre los mismos sueños
entretejidos de verano. Comen higos
siempre bajo la misma higuera
comen higos.

Veloz la mañana entre las eras
pero hay que esperar a las piedras
a los ríos y a los árboles matemáticos
hay que esperarlos

hay que esperarlos que vengan por nosotros
con toda la paciencia que les debemos
y mirar de nuevo como miran lo niños
una semilla que se abre.

De niño crucé un río, me pareció el mundo
y el mundo era el río
y se vertía en él salvajemente.

Allí coloqué naufragios de plástico
de papel honestos sacrificios
o animales ahogados en mi hastío;
veloz se los llevó el caudal.

Años más tarde, bastante más joven
me encontré conmigo río abajo
flotaba mirando al cielo
víctima de mis naufragios
mis rápidos y mis corrientes
arremolinados sacrificios en mi nombre.

Al amanecer pitan las calandrias un tráfico de bosque
y las sombras se aproximan a sus pedestales con
[reserva
duerme la lechuza   hocica la tierra el jabalí

hay un viento que ordena las ramas de los árboles
en que se peinan los espíritus
ellos danzan en las quebradas
hilván de cuento la niebla brinda
jalonando pensamientos brocal de pozo

la vida tintinea un eco engastado en aguas
¿quién no recuerda de plata los anillos
al caer la piedra al fondo?

Un rastro de rebaños desfigura el paisaje
como una piedra de amolar sobre el hueso

las llanuras aceptan el paso que renueva la tierra
en la herida deseada
no hay flores
no hay caminos
solo la huella que deja al aire las raíces.

Los animales diminutos tienen, a menudo,
vidas diminutas a ras de suelo
sin horizonte
en agujeros entre las cárcavas
en el metro
su historia es la historia de los túneles
las zanjas
los surcos
las trincheras
la historia de la negritud en manos y pies
historia de una insignificancia.
¡Un brindis por su supervivencia!

ÍNDICE

Esta primera edición de *Animales de tierra* de Alberto Rivas terminó
de imprimirse en Antequera (Málaga) el 5 de diciembre
de 2024, fecha en la que se conmemora
el nacimiento de la escritora
Joan Didion.